所有關於
企鵝

夏洛特索恩

初級學習者

所有關於
企鵝

夏洛特索恩

企鵝是不會飛的水生鳥類，
它們既有趣又可愛！

企鵝化石的歷史可以
追溯到六千萬年前。

已知的第一個關於企鵝的
描述來自 16 世紀的葡萄
牙探險家。

著名的 Palaeeudyptes klekowskii 化石揭示了一種 6 英尺高的已滅絕企鵝！

現在，最大的企鵝種類是帝企鵝。他們站立的高度可以超過 3 英尺。

企鵝被歸類為鳥類，因為它們有羽毛，並且可以產卵。它們不能像大多數其他鳥類一樣飛行。

企鵝是出色的潛水員，有些物種可以潛入 1,500 英尺以上的深度，屏住呼吸長達 20 分鐘。

企鵝的羽毛具有
防水隔熱功能，
可以保持溫暖。

企鵝透過聲音相
互交流，稱為
「叫」。

現實生活中著名的企鵝並不多，但是...

……許多電影都有企鵝！例如《歡樂滿人間》、《馬達加斯加》、《快樂大腳》！

你知道企鵝有家庭嗎？企鵝媽媽和企鵝爸爸會一起養育孩子。

除了帝企鵝之外，企鵝爸爸和企鵝媽媽都會輪流給蛋保溫。和他們在一起，父親獨自為雞蛋保溫。

讓我們來看看不同種類的企鵝。

帝企鵝

它們是企鵝種類中最大的…也是最重的！它們以非常可愛的嬰兒和黑色、白色和黃色的外觀而聞名。它們也能承受最惡劣的天氣。

阿德利企鵝

這些鳥雖小，但性格卻很瘋狂！和帝企鵝一樣，它們都是北極企鵝。它們是出色的游泳運動員和潛水員，並以眼睛周圍的白環而聞名。

王企鵝

由於有橙色斑紋，它們看起來與帝企鵝相似。它們是第二大企鵝種類，它們的幼崽看起來像棕色的小泡芙。

巴布亞企鵝

這些企鵝有明亮的橙色喙和腳。雖然它們看起來有點小，但它們是第三大物種！它們被發現於南極地區。

帽帶企鵝

這些企鵝看起來很有趣。他們的脖子下面有一條黑線，這就是為什麼他們被稱為「下顎帶」。他們是優秀的登山者。

通心粉企鵝

這些鳥生活在大群中。眾所周知，他們精力充沛且非常善於社交。它們以其黃色的頭部而聞名，也稱為"冠"。

跳岩企鵝

這些企鵝有最好的羽冠！看看他們的頭多尖，多黃。他們的眼睛也是紅的。跳岩企鵝以驚人的攀爬能力而聞名。

麥哲倫企鵝

它們的胸前有一條黑色的馬蹄帶，是溫暖地區發現的企鵝物種之一。他們的家是南美洲海岸！

洪堡企鵝

這些企鵝也原產於南美洲。它們臉上有粉紅色斑塊，是游泳健將。

加拉巴哥企鵝

這些是唯一在赤道以北發現的企鵝——赤道是將地球分為南北的分界線。它們是非常小的鳥。

非洲企鵝

這些企鵝有一種非常獨特的聲音 - 它們的叫聲聽起來像驢子！因此，他們生活在非洲大陸的南部地區，因此得名。

黃眼企鵝

這些鳥以紐西蘭為家。它們不僅有黃色的眼睛，而且頭上也有一條黃色的帶子。這些是最稀有的企鵝物種之一。

小藍企鵝

它們也被稱為"神仙企鵝"，因為它們是最小的企鵝物種。這些小鳥生活在澳洲和紐西蘭。

皇家企鵝

這些鳥有一個看起來很滑稽的黃色冠和頭。它們只生活在麥格理島，但大部分時間都在海裡度過。

峽灣企鵝

它們也以其黃色冠而聞名，生活在新西蘭南島的峽灣。它們在灌木叢下或樹根之間築巢。

直立冠企鵝

這些鳥有非常高的黃色冠，在南極島嶼周圍被發現。它們非常善於社交，而且是會發聲的鳥類！

圈套企鵝

這些企鵝看起來與直立冠企鵝相似。它們生活在岩石海岸上，游泳時可以在海洋中偽裝。

冠企鵝

這些紐西蘭鳥類群居，與許多其他物種一樣，有長長的黃色眉毛。它們以磷蝦為食。

企鵝幫助我們的生態系統。

野生企鵝族群告訴科學家海洋生態
系統有多健康。

研究企鵝的
潛水能力激
發了水下技
術的發展。

對企鵝交配和養育行為的研究為
了解養育孩子和人類之間的關係
提供了見解。

企鵝是我們生態系統和生活圈的重要組成部分。它們是地球上最迷人、最可愛的生物之一。